VENTE

Du Vendredi 4 Décembre 1908

HOTEL DROUOT, SALLE N° 11

à deux heures

EXPOSITION PUBLIQUE
Le Jeudi 3 Décembre 1908
DE 2 HEURES A 5 HEURES 1/2

Tableaux Anciens et Modernes

MEUBLES

Importante Décoration d'Intérieur

EN CARREAUX DE FAIENCE DE DELFT

OBJETS D'ART ET DE VITRINE

TAPISSERIE — RIDEAUX

COMMISSAIRE-PRISEUR

Mᵉ GEORGES NORMAND
41, rue de la Victoire

EXPERT

M. ÉMILE BERTIER
149, avenue du Maine
PARIS

CATALOGUE

DES

TABLEAUX ANCIENS ET MODERNES

Par, d'après ou attribués à :

CARRACHE, DAUBIGNY, DEFAUX, DURIEUX, GÉRICAULT, HAQUETTE,
HUBERT ROBERT, LAWRENCE, MONNIER, OUDRY, REYNOLDS, ST-AUBIN, ETC.

Vue d'Italie, par ZIEM

IMPORTANTE DÉCORATION D'INTÉRIEUR

MEUBLES

Commodes Louis XIV et Louis XVI, Buffet, Cabinet Renaissance,
Bureau, Cabinet espagnol, Lit en chêne sculpté, Chiffonnier, etc.

TAPISSERIES, RIDEAUX, TAPIS

Dont la Vente aux Enchères publiques aura lieu

HOTEL DROUOT, SALLE N° 11

LE VENDREDI 4 DÉCEMBRE 1908

A DEUX HEURES

Par le ministère de	*Assisté de*
M⁰ GEORGES NORMAND	**M. ÉMILE BERTIER**
COMMISSAIRE-PRISEUR	EXPERT
41, rue de la Victoire, 41	149, avenue du Maine, 149

PARIS

Chez lesquels se distribue le présent Catalogue

EXPOSITION PUBLIQUE

Le Jeudi 3 Décembre 1908, de 2 h. à 6 heures

CONDITIONS DE LA VENTE

Elle sera faite au comptant.

Les adjudicataires paieront *dix pour cent* en sus des enchères.

L'exposition mettant le public à même de se rendre compte de l'état et de la nature des objets, aucune réclamation ne sera admise une fois l'adjudication prononcée.

Paris.— Imp. de l'Art, Cʜ. Bᴇʀɢᴇʀ, 41, rue de la Victoire

DÉSIGNATION

TABLEAUX
DESSINS, GRAVURES

A. W.

1 — *Sous bois animé.*

2 — *Paysage suisse.*

CARRACHE (Attribué à)

3 — *Diane chasseresse.*

CRESWICK (D'après T.)

4 — *Paysage.*

DAUBIGNY (Attribué à)

5 — *Paysage au soleil couchant.*

DAUBIGNY (Genre de)

6 — *Paysage.*

DEFAUX

7 — *Poules picorant devant une chaumière.*

DURIEUX

8 — *Vue de Venise.*

EHNERICH

9 — *Paysages animés.*
Deux tableaux se faisant pendants.

GALLAND

10-11 — *Suite de trois panneaux à sujets alle-
goriques.*

GÉRICAULT (Genre de)

12 — *Tête d'homme.*

HAGELSTEIN (Paul)

.13 — *Le Gamin de Bruxelles.*

HAQUETTE (Attribué à)

14 — *Vieillard allumant sa pipe.*

HOPPNER (D'après John)

13 — *Portrait de Jeune Femme dans un parc.*

HUBERT ROBERT (Attribué à)

16 — *Paysage avec ruines.*
Dessin.

LAWRENCE (D'après E.)

17 — *Portrait de Lady Elisabeth Whitbread.*

MALET (Eugène)

18 — *Sortie d'un bois.*

MASSON (B.)

19 — *Belle étude de dos.*

MONNIER Henri)

20 — *Portrait de l'auteur.*
Signé et daté.

OUDRY (Genre de)

21 — *Chien chassant un faisan.*

RAPHAEL (D'après Sanzio)

22 — *La Vierge à la chaise.*

REYNOLDS (D'après J.)

23 — *Portrait d'Angélica Kauffmann.*

SAINT-AUBIN (Attribué à AUGUSTE)

24 — *Monsieur et Madame de Condorcet.*

Dessin.

SMITH

25 — *Entrée de ferme.*

26 — *Paysage sous la neige.*

Deux pendants.

ZIEM

27 — *Vue d'Italie.*

Toile. Haut., 65 cent.; larg., 83 cent.

ÉCOLE ANCIENNE

28 — *Paysage à la tombée de la nuit.*

ÉCOLE ANCIENNE

29 — *Vertumne et Pomone.*

ÉCOLE ANCIENNE

30 — *Scène bachique.*

Cadre en bois sculpté.

ÉCOLE ANCIENNE

31 — *Joyeux buveurs.*

ÉCOLE ANCIENNE

32 — *Portrait d'un Chevalier.*

Cadre en bois sculpté de forme architecturale.

ÉCOLE ANCIENNE

33 — *Sainte Madeleine.*

ÉCOLE ANGLAISE

34 — *Paysage avec personnages.*

ÉCOLE DE DIAZ

35 — *Tableau de fleurs représentant des roses et coquelicots.*

ÉCOLE FRANÇAISE

36 — *Portrait de Jeune Femme tenant un éventail en plumes blanches.*

37 — *Jeune Femme surprise au bain.*

38 — *Portrait de Femme.*

39 — *Deux panneaux peints et découpés représentant deux personnages du XVIIe siècle.*

ÉCOLE ITALIENNE

40 — *La Vierge et l'Enfant.*

ÉCOLE MODERNE

41 — *Garde et son chien.*

42 — *Femme arrangeant les plis de sa tunique.*

ÉCOLE 1830

43 — *Tête de Jeune Fille.*

44 — *Paysage.*

45 — *Paysage d'Italie.*

ÉCOLE 1830

46 — *Paysages.*
     Deux pendants.

ÉCOLE DU XVIIIe SIÈCLE

47 — *Tête d'Homme à perruque.*

48 — *Paysannes de Normandie.*
     Deux gravures.

ÉCOLE DU XVIIIe SIÈCLE

49 — *La Brouille et le Raccommodement.*
Deux gravures.

50 — *Bonaparte à Jaffa.*
Gravure.

51 — *Vue de Flandre.*
Gravure.

52 — *Chasse à courre.*
Gravure.

53 — *Atala et Chaptas.*
Gravure.

54 — Lot de gravures et lithographies.

55 à 57 — Suite de quatre tableaux représentant des vases et paniers de fleurs. (Pourront être divisés.)

58 — *La Bonne aventure.*
Gouache encadrée.

59 — Modèle de plafond représentant des Amours.

60-61 — Tableaux non décrits.

FAÏENCES, PORCELAINES
OBJETS DE VITRINES

62 — Groupe en porcelaine blanche de Nimphenburg, à sujet pastoral.

63 — Deux groupes en faïence, représentant des personnages orientaux sous des arbres.

64 — Ecuelle en porcelaine d'Allemagne, à décors de bouquets de fleurs.

65 — Statuette de femme avec un aigle, en porcelaine tendre.

66 — Rafraîchissoir en porcelaine, à décors chinois.

67 — Buste-poupée en porcelaine blanche d'Allemagne.

68 — Boîte à thé en porcelaine de Saxe, à décors chinois.

69 — Deux groupes en porcelaine d'Allemagne, personnages sous un arbre.

70 — Petit pot à lait en porcelaine de Saxe, à
décors de personnages dans un parc.

71 — Deux vases en porcelaine blanche de Ber-
lin, anses à mascarons.

72 — Deux pots à thé en porcelaine de Saxe, à
décors coréens.

73 — Statuette de roi en ivoire ; à l'intérieur,
se trouve cachée une femme nue tenant un
chien dans ses bras.

74 — Triptyque en ivoire, formé par une statuette de la Vierge ; les volets intérieurs of-
frent des scènes religieuses.

75 — Statuette de danseuse en porcelaine d'Allemagne.

76 — Paire de vase, avec couvercle, en faïence
anglaise ajourée.

77 — Crémier et cafetière en porcelaine de Nimphenburg, à décors de paysages.

78 — Assiette en cuivre émaillé, à réserves de
fleurs, feuillages et insectes.

79 — Fontaine en faïence décorée, ornée de dauphins et d'une pastorale en camaïeu rose ; support en bois sculpté à pampres et grappes de raisin.

80 — Boîte en écaille, ornée d'une miniature représentant un sujet tiré de la mythologie.

81 — Boîte en cuivre émaillé, ornée sur le couvercle d'un paysage.

82 — Boîte ronde en ivoire, ornée d'une miniature représentant une jeune femme dans la campagne.

83 — Boîte en cuivre doré, époque Louis XVI, à compartiments guillochés formés par des guirlandes de feuillages.

84 — Salière en cuivre émaillé, ornée de fleurs et feuillages.

85 — Miniature sur cuivre, représentant Ève dans le Paradis terrestre ; cadre en ébène.

86 — Miniature sur ivoire, représentant la Toilette de Vénus ; cadre en argent, orné de feuillages dans les angles.

87 — Quatre mortiers en bronze du XVIᵉ siècle, avec leurs pilons. (Seront divisés.)

OBJETS D'ART

88 — Grande glace biseautée; cadre doré, avec fronton surmonté d'oiseaux et vase.

89 — Glace biseautée; cadre doré, avec fronton à guirlandes et attributs de musique.

90 — Lanterne d'antichambre en cuivre jaune et petits carreaux.

91 — Glace en bois, recouverte de cuivre repoussé.

92 — Glace en verre de Venise.

93 à 96 — Quatre petits plats en cuivre gravé et repoussé, avec médaillons. (Seront divisés.)

97 — Terre cuite, d'après CLODION : « Bacchante enivrant l'Amour ».

98 — Pendule d'applique en marqueterie de cuivre et d'écaille, surmontée d'une statuette de Renommée, avec socle et fronton, et garnie de bronzes dorés.

99 — Paire de vases, de style Louis XVI, en porcelaine bleue; monture en bronze.

100 — Suspension en bronze poli, disposée pour l'électricité.

101 — Bas-relief en terre cuite, représentant une bacchante et un satyre; cadre en bois sculpté.

102 — Paire de vases en marbre brèche rouge, ornés d'anses à mascarons et guirlandes en bronze ciselé et doré. — Haut., o m. 48 cent.

103 — Saint Sébastien en bois sculpté.

104 — Paire de vases brûle-parfums en spath-fluor, garnis de bronzes ciselés et dorés. — Haut., o m. 21 cent.

MEUBLES ANCIENS
ET MODERNES

105 — *Décoration d'un intérieur formée par des carreaux en faïence de Delft, peinte en camaïeu lie de vin*, composée d'après les dessins du peintre J. Lingelbach, gravés par Johan Gronsveld. Ce peintre hollandais a travaillé en Italie et revint en Hollande dans la deuxième moitié du xvii° siècle pour s'établir à La Haye.

Cet ensemble se compose de :

1° Cheminée monumentale formée :

a) D'un motif principal qui est sur la hotte, représentant le déchargement d'un navire dans un port de mer mesurant 1 m. 65 cent. de large et 1 m. 48 cent. de haut et comprenant 156 carreaux.

b) De deux côtés, représentant chacun un motif d'arabesques de fleurs et de feuillages au milieu desquels des amours supportant un écusson chiffré surmonté d'une couronne de duc. Chaque panneau mesurant 1 m. 46 cent. de haut et 0 m. 80 cent. de large et comprenant 72 carreaux chacun.

c) D'une plaque de foyer, ornée d'un vase de fleurs, supportée par une console à laquelle sont appuyées les déesses Diane et Cérès; comme cadre, deux colonnes torses surmontées de deux figures d'archanges tenant dans leurs bouches des guirlandes de fruits et de feuillages. Cette plaque mesurant 1 m. 67 cent. de large et 1 m. 80 cent. de haut, comprenant 182 carreaux.

2° UNE DÉCORATION MURALE, comprenant :

a) Un panneau, mesurant 2 m. 75 cent. de haut, et 1 m. 45 cent. de large et comprenant 231 carreaux, composé d'arabesques avec oiseaux et fleurs ayant, comme motif central, une femme sous-baldaquin tenant un oiseau dans les mains.

b) Un autre panneau assorti, mesurant 1 m. 03 c. de large, comprenant 184 carreaux et composé d'arabesques ayant, comme motif central, une femme (la Justice) sous-baldaquin.

c) Un autre panneau assorti, mesurant 92 centi·mètres de large, comprenant 161 carreaux et composé d'arabesques, ayant comme motif central, une femme entourée d'amours sous-baldaquin.

d) Un autre panneau assorti, mesurant 1 m. 70 c. de large, comprenant 290 carreaux (trou de poutre dans le haut) et composé d'arabesques ayant, comme motif central, un vase sous-baldaquin.

e) Un autre panneau assorti, mesurant 1 m. 80 c. de large, comprenant 293 carreaux : arabesques et vase sous-baldaquin.

f) Un autre panneau assorti (dans le haut trou de poutre), mesurant 1 m. 50 cent. de large, composé de 253 carreaux : arabesques et vase sous-baldaquin.

g) Un dessus de porte, avec vase et enfants, mesurant 1 m. 25 cent. de large, 1 m. 60 cent. de haut, comprenant 114 carreaux.

h) Un dessus de fenêtre, mesurant 1 m. 58 cent. de long, 0 m. 32 cent. de haut, comprenant 36 carreaux, avec tête de femme au milieu.

i) Un autre dessus de fenêtre (incomplet), me-

surant 1 m. 20 cent. de long et o m. 60 cent. de
haut, comprenant 40 carreaux.

3° LAMBRIS.

Sous tous ces panneaux il existe un lambris
avec plinthes et cymaises, composé d'arabesques,
de femmes et enfants jouant dans les fleurs. Ce
lambris, sans la plinthe, mesure o m. 66 cent.
de hauteur sur une longueur totale de 9 m. 47 c.
et est composé de 371 carreaux.

Cet ensemble est l'œuvre du peintre-céramiste
Cornelis BAUMEESTER et a été exécuté vers
1690. (Pourra être divisé.)

106 — Commode Louis XIV en bois de rose et
violette, garnie de bronzes dorés, s'ouvrant à
quatre tiroirs; dessus en marbre rouge veiné.

107 — Grand support en bois de fer sculpté,
décoré de dragons en bronze doré; dessus en
marbre.

108-109 — Deux supports en bois de fer sculpté;
dessus en marbre de couleur.

110-111 — Deux petits supports en bois de fer
sculpté; dessus en marbre.

112 — Petite banquette en bois de fer sculpté
recouverte de soierie à fleurs.

113 — Meuble-cabinet avec incrustations d'os,
reposant sur quatre pieds et s'ouvrant à
tiroirs dans le haut.

114 — Bahut en bois sculpté, à cariatides de
femmes et panneaux à animaux fantastiques ;
il s'ouvre à deux battants et deux tiroirs.

115 — Chaise en bois sculpté et doré à médaillon, recouverte de soierie à fleurs.

116 — Chaise, de style Louis XVI, en bois
sculpté, recouverte de tapisserie.

117 — Commode Louis XVI en marqueterie de
bois à fleurs et dessins variés, ornée de
bronzes dorés ; dessus en marbre.

118 — Buffet à deux corps, de forme cintrée, en
chêne sculpté, orné de rosaces et bouquets
de fleurs et feuillages. Travail liégeois de
l'époque Louis XIV.

119 — Paravent à trois feuilles, de style
Louis XVI, en bois sculpté et doré, orné de
glaces dans le haut et de soie brochée dans
le bas.

120 — Table à jeu hollandaise, ornée de marqueterie de fleurs et feuillages.

121 — Table à jeu en noyer et marqueterie, à damier. Époque Louis XV.

122 — Commode, de l'époque Louis XVI, à trois tiroirs, sans traverse, en marqueterie de bois de rose et amaranthe, garnie de bronzes. Marbre Sainte-Anne.

123 — Cabinet, de style Renaissance italienne, en bois de palissandre, à dix tiroirs ornés de serrures ajourées ; support en chêne sculpté.

124 — Bureau, de style Louis XV, orné de marqueterie et garni de bois de rose ; bronzes dorés et marbre blanc à galerie.

125 — Deux fauteuils flamands, dossiers en bois sculpté.

126 — Tabouret de piano, style Louis XVI, en bois doré; couvert de soie jaune.

127 — Cabinet espagnol, dit Varguenos, avec son support; la partie du milieu ouvre à une porte de forme architecturale, à colonnes, au milieu de laquelle une niche renferme la statue de Bellone; de chaque côté de nombreux tiroirs garnis d'écaille de l'Inde. XVIIᵉ siècle.

128 — Lit en chêne sculpté.

129 — Table de nuit-chiffonnier en chêne sculpté.

130 — Meuble d'entre-deux en bois noir, garni de bronzes dorés, devant orné de plaques en porcelaine, à petites peintures.

131 à 132 — Meubles non décrits.

TAPISSERIE
TAPIS — RIDEAUX

133 — Tapisserie d'Aubusson, représentant un guerrier; bordure à tors de fleurs et feuillages. xviiiᵉ siècle. — Haut., 2 m. 20 cent.; larg., 1 m. 80 cent.

134 — Tapis d'Orient, à fond rouge et décors variés.

135 — Paire de rideaux, à fond jaune, à petits dessins, avec bandeaux.

136 — Portière en soie brochée à fleurs, fond crème.

137 à 139 — Objets non décrits.

Nota. — Le numéro 27 sera vendu sur une mise à prix fixée au moment de la vente.